Pour être efficaces, les postures de yoga (asanas) décrites et illustrées dans Shrihat Satva Yoga requièrent un élixir musical. Les élixirs sont compris dans l'achat de ce livre.

Si vous souhaitez obtenir copie de cette musique, il vous est possible de :

    a. télécharger la musique, sur www.yogaofillumination.com

    b. pour le CD physique, écrire à sj@almine.net et communiquer vos nom, adresse postale et numéro de téléphone

Les élixirs travaillent en conjonction avec les postures, utilisant les forces d'alchimie de fréquence incorporées dans la musique.

SHRIHAT SATVA YOGA

Le Yoga pour Nettoyer les Incarnations Passées

Almine

Sagesse Pratique
pour la Maîtrise Spirituelle

Edité par Spiritual Journeys LLC

Copyright 2010 MAB 998 Megatrust

By Almine
Spiritual Journeys LLC
P.O. Box 300
Newport, Oregon 97365

www.spiritualjourneys.com
www.almine.fr

Tous droits réservés. Aucune partie de cette publication ne peut être reproduite sans créditer à Almine en tant qu'auteur et source de ce matériel.

Mise en page de la couverture par Rogier Chardet

Illustration de la couverture par Dorian Dyer
Site Internet : www.visionheartart.com

Conception et mise en page de l'intérieur par Ariel Frailich

Imprimé aux Etats-Unis d'Amérique

ISBN 978-1-936926-14-5-(version papier)
ISBN 978-1-936926-15-2 (Adobe Reader)

Table des Matières

Commentaires V
A propos de l'auteur.. VII

Introduction à Shrihat Satva Yoga
Introduction...3

La Poésie du Rêve
24 vers pour la méditation..9
Les 24 vers 11
Le Rouleau de Namud 19

Comment pratiquer le Yoga
Méthode 23
Les douze postures des cycles d'incarnation les plus récents........25
Les douze postures des cycles d'incarnation les plus anciens 43
Conclusion 59
Epilogue 61

Annexe I...65
Annexe II 67

Commentaires

« C'est une expérience des plus précieuses que d'avoir un aperçu d'une des vies les plus remarquables de notre temps ... »
– Ambassadeur Armen Sarkissian,
ancien Premier ministre de la République d'Arménie,
astrophysicien, université de Cambridge, UK

« Je suis vraiment impressionné par Almine et l'intégrité de ses révélations. Mon respect pour elle est immense et j'espère que d'autres trouveront autant de valeur que moi dans ses enseignements. »
– Docteur Fred Bell, ancien scientifique de la NASA

« L'information qu'elle apporte à l'humanité est de la plus haute clarté. Elle mérite pleinement sa réputation de mystique prépondérante de notre époque. »
– Docteur Zbigniew Ostas, médecine quantique,
orthobiologie somatidienne, Canada et Pologne.

A propos de l'auteur

Almine est une mystique, enseignante et guérisseuse qui voyage depuis des années dans de nombreux pays, inspirant des milliers de personnes attirées par sa présentation compréhensible de concepts métaphysiques avancés. Dans le sillage de son humilité et de son service désintéressés, d'indicibles miracles se sont manifestés.

Dans sa vie, enrichie par la mystique et le sacré, elle s'est trouvée en face de beaucoup d'anciens Maîtres de lumière, gardant l'entière mémoire des anciennes langues sacrées, sous forme écrite aussi bien qu'orale.

Ses enseignements sont centrés sur l'idée qu'il est non seulement possible de vivre une vie de maîtrise et d'amour, mais que c'est le droit de naissance de tout humain d'atteindre de tels niveaux de perfection. Son parcours a consisté à apprendre à vivre dans le monde physique en maintenant le délicat équilibre qui consiste à rester conscient de soi tout en étant en totale expansion.

« Quand nous vivons dans l'instant, nous vivons dans le lieu de puissance, alignés sur le temps éternel et l'intention de l'Infini. Notre volonté fusionne avec celle du Divin. »

—Almine

Introduction à Shrihat Satva Yoga

PURIFIER LES CYCLES D'INCARNATIONS PASSES

Le dauphin saute à travers l'arceau de la lune.
Les cercles ondulent à travers les étoiles.

Introduction

Les cycles de vie cosmiques se répartissent en deux catégories : ceux qui peuvent être appelés les cycles d'ascension et ceux qui sont appelés les cycles de descension.

Il y a douze cycles électriques, masculins, basés sur la lumière ; ce sont les cycles d'ascension. De même, il y a douze cycles de nature féminine, magnétique, basée sur la fréquence. Chacun d'entre eux a été répété à de nombreuses reprises par toutes les créatures, en tant que cycles d'incarnation.

Les problèmes non résolus de ces cycles, tels que les vieux systèmes de croyance, les souvenirs de souffrance et autres émotions empreintes de distorsion se présentent dans nos rêves pour y trouver une résolution. Il y a vingt-quatre niveaux de profondeur de rêve, les douze plus superficiels communiquant avec nous au travers des symboles du rêve. Les douze états de rêve plus profonds sont les états féminins, non cognitifs, qui ne peuvent être interprétés par les symboles du rêve et produisent ce qui nous semble être un sommeil profond dépourvu de rêves. Ils nous parlent à travers l'art et la Poésie du Rêve.

Cette poésie unique communique par omissions – ce qui n'est pas dit – qui transmettent de multiples niveaux de compréhension se révélant en tant que sentiments et qualités. Bien que la Poésie du Rêve use d'outils littéraires tels que l'assonance, l'allitération, la personnification et les épithètes raffinés, leur usage a un objectif profond qui transcende l'évidence. Il en va de même de l'usage des adjectifs dans ce type de poésie.

Ses qualités de concision et de puissance descriptive rappellent la forme poétique appelée Haïku, mais tandis que le Haïku est lié par une structure rigide, la Poésie du Rêve ne l'est pas. Le Haïku fournit l'essence de la simplicité qui repose au sein de la complexité des apparences. La Poésie du Rêve murmure, à travers sa riche imagerie, les origines primordiales de l'instant.

LE ROLE DE SHRIHAT SATVA YOGA POUR ATTEINDRE L'ILLUMINATION

Lorsqu'il atteint un haut niveau d'illumination, le maître devient un être androgyne. Ayant perdu toute autre identité, il perd maintenant celle du genre. Ceci s'accomplit en équilibrant les qualités pro-actives et réceptives à l'intérieur. La résolution des douze cycles masculins et des douze cycles féminins d'incarnation mène à l'épanouissement de cet état désiré.

Dans la pratique de Shrihat Satva Yoga, de multiples éléments sont combinés pour faciliter le retrait des débris des incarnations passées.

- Les élixirs musicaux utilisés forment un équilibre exact de fréquences noires (subliminales) et blanches pour éliminer l'illusion. Ils forment un élément essentiel de la pratique de ce yoga.
- La Poésie du Rêve est utilisée pour ouvrir la communication non-cognitive avec les états de rêve plus profonds. Ceci permet aux problèmes des très anciens cycles de vie de remonter à la surface pour être annulés par les élixirs sonores.
- Les rythmes respiratoires et les schémas de mouvements oculaires de l'individu révèlent les traumatismes retenus et réprimés. Shrihat Satva Yoga les utilise pour déclencher le détachement des débris issus des anciennes incarnations.
- Les postures de Shrihat Satva Yoga font souvent croiser les membres, afin de faciliter la fusion du masculin et du féminin dans l'androgynie de l'illumination. Elles servent aussi à ouvrir les portes du rêve dans le corps.[1]

---

[1] Cette forme de yoga pourrait être très bénéfique pour le Trouble Déficit de l'Attention / Hyperactivité (TDAH) et d'autres désordres du comportement chez les enfants

Le corps humain est unique, en ce qu'il constitue le microcosme exact du macrocosme de la vie créée. Il y a douze points le long du côté droit, masculin du corps, et autant du côté gauche. Ce sont les répliques microcosmiques des cycles macrocosmiques de la vie.

Les postures du yoga sont destinées à ouvrir et à ôter les débris de ces points – les portes du rêve. Ceci s'accomplit physiquement, par les postures et la musique. La dissolution des débris s'accomplit aussi par le rêve (déclenché par la respiration et les mouvements oculaires), libérant les problèmes passés qui causaient les blocages dans les points.

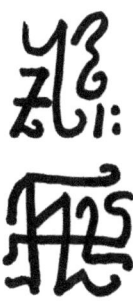

La Poésie du Rêve

LA MEDITATION POUR PREPARER LE YOGA

Là où la terre et le ciel fusionnent en un blanc sans horizon, un cercle de boeufs musqués isolés se tiennent ensemble.

24 Vers pour la Méditation

POUR L'ENSEIGNANT

NOTE: avant de commencer le yoga, chaque étudiant devrait lire la décharge de responsabilité reprise en annexe. Les enseignants devraient en garder copie dans leurs dossiers.

Il est recommandé de méditer sur un seul vers pendant une période préparatoire de dix à quinze minutes avant de commencer la séance de yoga. Passez la musique de méditation et invitez les étudiants à arriver un quart d'heure avant le cours pour se préparer, entrer calmement dans la salle et méditer.

La musique prévue à cet effet est unique et irremplaçable, car elle est chantée dans l'ancienne gamme du solfège. C'était la gamme utilisée pour les chants grégoriens jusqu'à ce qu'elle soit interdite par l'Eglise catholique au haut Moyen-Age. L'effet qu'elle produit pour libérer l'auditeur des systèmes de croyances est profond.

L'instructeur de yoga devrait donner accès au vers choisi, soit en l'affichant en grands caractères, soit en le distribuant aux étudiants quand ils entrent et enlèvent leurs chaussures.

La méthode est simple. L'étudiant lit le vers, vide son mental en se mettant en état méditatif, et observe simplement les images qui surgissent et les sentiments subtils qu'elles éveillent. Pour les méditations plus longues, ce processus ne devrait pas être accompli plus de trois fois en une heure[2]. L'étudiant a besoin d'au moins dix

---

[2] En utilisant trois vers différents pour une méditation d'une heure.

minutes pour se reposer et intégrer les nouvelles qualités qu'il ressent à l'intérieur.

En aucun cas l'analyse ne devrait être utilisée. Plus le mental est vide, mieux la communication non cognitive de la psyché profonde peut fonctionner. Consigner par écrit les images qui se présentent peut être utile. L'étudiant ne doit pas croire qu'il a échoué s'il n'a reçu qu'un mot en quinze minutes. Des étudiants différents peuvent recevoir la communication sous différentes formes.

Note: un cours spécifique pourrait être donné sur les vers. Le vers initial est comme l'extrémité d'un fil que l'on peut suivre dans le labyrinthe des chambres profondes de la psyché. Les images qui se présentent lors de chaque méditation de quinze minutes seront notées par écrit.

Les 24 Vers

Le vent du désert chante à la danse ondulante du serpent
dans le sable. Des vagues de chaleur se joignent à la réjouissance.

Le vol fantasque d'un papillon bleu, le bourdonnement
insistant d'une abeille. Les baies gorgées de soleil
telles des gemmes alignées sur le mûrier.

La lune jaune observe le canoë fendant le silence frais du lac.
Le son des rames flotte sur l'haleine de la nuit.

La Poésie du Rêve

Les oies blanches volent dans le ciel pommelé. Des pins encombrés de neige attendent sur la montagne au-dessous.

Là où la terre et le ciel fusionnent en un blanc sans horizon, un cercle de boeufs musqués isolés se tiennent ensemble.

Une libellule joue dans les derniers rayons du jour.
Un rouge-gorge chante son chemin vers le nid.

Les 24 Vers

Le dauphin saute à travers l'arceau de la lune.
Les cercles ondulent à travers les étoiles.

Les oies sauvages, telles une chaîne sonnante,
tirent la lune de la toile du saule.

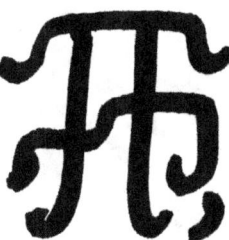

Les champs de maïs, tels des champs de bataille épuisés
après la récolte, attendent le souffle court tandis que le monde
tourne à travers les derniers rayons de l'été.

La Poésie du Rêve

En silence absolu gît le lac gelé. Les lueurs boréales étendent leurs doigts avides pour saisir une étoile filante.

Dans les hauteurs vertigineuses, les aigles enlacés en étreinte nuptiale de passion bouleversée tombent vers la terre. Une plume duvetée flotte au vent.

Le rossignol roule ses notes telles des perles d'argent à travers le dôme de la nuit, les lâchant dans le puits des souhaits.

Les 24 Vers

D'un vigoureux enthousiasme, le pissenlit jaune élève sa tête
au-dessus de la pelouse manucurée pour embrasser le soleil.

De la rosée sur les dunes marquées de sombres empreintes
et une mouette en deuil qui tourne dans le ciel.

Quatre colombes, légères comme des soupirs,
tournent en unité à travers l'arc du ciel. Leurs ombres
telles des corbeaux suivent au-dessous elles.

Un vol de pigeons s'accroche tel une grappe de raisin au treillis du ciel. Les cloches du monastère les rappellent à la maison.

Les formations de cumulus, telles des galions espagnols à la dérive dans un ciel sans fin, se bousculent pour assister à la naissance des agneaux du printemps.

Taquinées par la malicieuse brise de midi,
les jonquilles paradent et se pavanent.
Un faune tacheté dort dans la bruyère jaune.

Les 24 Vers

Le chant sans fin des criquets dans l'herbe des dunes,
les respirations rythmiques de la mer, bercent les
mouettes somnolentes en un sommeil hypnotique.

Là où les cieux gris scintillants et l'océan se rencontrent, un petit
bateau blanc se tient à la dérive comme une perle dans une huître.

Les mûres rouges du houx – une surprise saisissante pour le
Vent du Nord inspectant son domaine couvert de neige.

La Poésie du Rêve

Au-dessus des gorges rocheuses où volent les aigles,
de puissantes ailes chevauchent les vents. Un cri perçant
scindant le ciel fait écho à travers les flancs de la vallée.

Sur les hauteurs de la mesa sous les cieux enceints, des naseaux
explosent et les chevaux sauvages avalent le vent.

Capturé dans la flaque d'eau gît le cielnuageux
– l'infini au sein du fini confiné.

Le Rouleau de Namud

(EXTRAIT)

TRADUCTION DU ROULEAU DE NAMUD

De la terre mère[3] que nous appelons Shalmali, grande sagesse se répandit auprès des peuples de la Terre. Des maîtres de sagesse appelés Nagas[4], ce qui signifie « portes de sagesse », furent envoyés pour enseigner. Ils prirent les tablettes de connaissance avec eux et se séparèrent par groupes de deux, copiant ces tablettes afin de les partager avec différentes personnes.

Ils apprenaient à tous la langue Naga dans des temples appelés « Chaldi »[5] ou « Kaldi », ce qui signifie « murs ». Six ensembles d'archives saintes furent portées à travers les hautes montagnes (l'Himalaya) jusqu'au pays de Monassa (l'Inde) et placés dans les temples Kaldi dans sept cités. Les archives furent gardées par des poètes divinement inspirés appelés « Rishis » et ces sept cités devinrent connues comme les villes Rishi.

Les archives enseignaient le yoga, qui signifie « portes du corps » aux gens. Le plus grand de tous était Devi Satva Yoga.

Devi Satva Yoga était conçu pour créer l'illumination en ouvrant trois ensembles de portes dans le corps humain ; trois pratiques de Yoga étaient utilisées à cette fin – Irash Satva Yoga, Shrihat Satva Yoga et Saradesi Satva Yoga.

Minikva ares prihat uruva hachte.
En l'homme se trouvent les réponses aux cieux étoilés.

---

3 La Lémurie.
4 Appelés Naguals ou Nacaals dans certaines langues.
5 D'où la nation biblique des Chaldéens tire son nom.

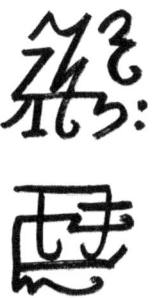

Comment Pratiquer le Yoga

Les oies sauvages, telles une chaîne sonnante,
tirent la lune de la toile du saule.

Méthode

Il y a vingt-quatre postures de yoga correspondant aux vingt-quatre élixirs sonores qui les accompagnent. Chaque posture est maintenue pendant la durée entière de l'élixir sonore qui lui correspond.

Entrez progressivement dans la posture si vous n'êtes pas actif d'un point de vue athlétique. Si vous avez le vertige, couchez-vous sur le dos. En aucun cas vous ne devez faire plus qu'un étirement doux et confortable. Une chaleur confortable devrait régner pour faciliter le dégagement des toxines. Un oreiller peut être utilisé comme soutien en cas de besoin jusqu'à ce que la souplesse soit rétablie. L'usage d'un tapis de yoga est recommandé.

Le yoga peut être enseigné à d'autres quand le praticien est devenu plus assuré dans ses pratiques. Aucune autre formation n'est nécessaire, car son efficacité est inhérente à ses composants.[6]

---

6 Voyez les notes importantes concernant l'utilisation du matériel en annexe.

Les Douze Postures des Cycles d'Incarnation les plus Récents

Mish tanarech urastu minavit hereshta subit,
kanesh piresa unesta haruvit

Si la vie est un rêve, que je sois un rêveur lucide
jusqu'à ce que je puisse m'éveiller pleinement

LES DOUZE POSTURES MASCULINES – KLANISH HUBAVI

Ces postures dégagent les débris des douze cycles d'incarnations les plus récents, nous parlant par les symboles des douze cycles de rêve superficiel[7].

1. **Posture n° 1 – Klinaveshvi**
   - Asseyez-vous confortablement les jambes croisées, le dos droit et les épaules détendues.
   - Tendez les deux bras en face de vous, paumes vers l'extérieur.
   - Croisez les bras tout en les gardant tendus.
   - Serrez les paumes l'une contre l'autre, doigts croisés.
   - Pliez les coudes et descendez vos mains serrées en les retournant ensuite vers le haut, pour les remonter sur votre poitrine.
   - Prenez une inspiration profonde et expirez en un long soupir tout en laissant descendre le menton sur la poitrine et en fermant les yeux.
   - Gardez le dos droit et continuez les respirations.
   - Maintenez la posture pendant la durée de l'élixir sonore.

   Ceci nettoie le corps calleux dans le cerveau intermédiaire des blocages dans la communication entre le masculin et le féminin.

---

7 *Le Labyrinthe de la Lune* contient 144 vers supplémentaires de la Poésie du Rêve et de multiples symboles du rêve pour interpréter l'état de rêve superficiel.

Posture n° 1

2. **Posture n° 2 – Nek-varavi-esva**
   - En maintenant la même posture qu'en n° 1, levez la tête tout en roulant les yeux vers le haut.
   - Baissez lentement la tête vers la poitrine, en roulant les yeux vers le bas.
   - Inspirez en levant la tête, expirez en soupirant en baissant la tête.
   - Répétez les mouvements de la tête et des yeux pendant toute la durée de l'élixir sonore.

   Ceci purifie les sentiments contenus dans le corps astral.

3. **Posture n° 3 – Nek-bilaveshvi**
   - Avec la même posture du corps qu'en n° 2, tournez la tête vers la gauche en roulant les yeux à gauche tout en inspirant. Le menton doit rester à niveau.
   - Expirez en tournant la tête et les yeux vers la droite.
   - Les épaules détendues restent face à l'avant.
   - Répétez pendant toute la durée de l'élixir sonore.

Ceci purifie les mémoires des éléments auditifs qui déclenchent des réactions réflexes aux stimuli audio.

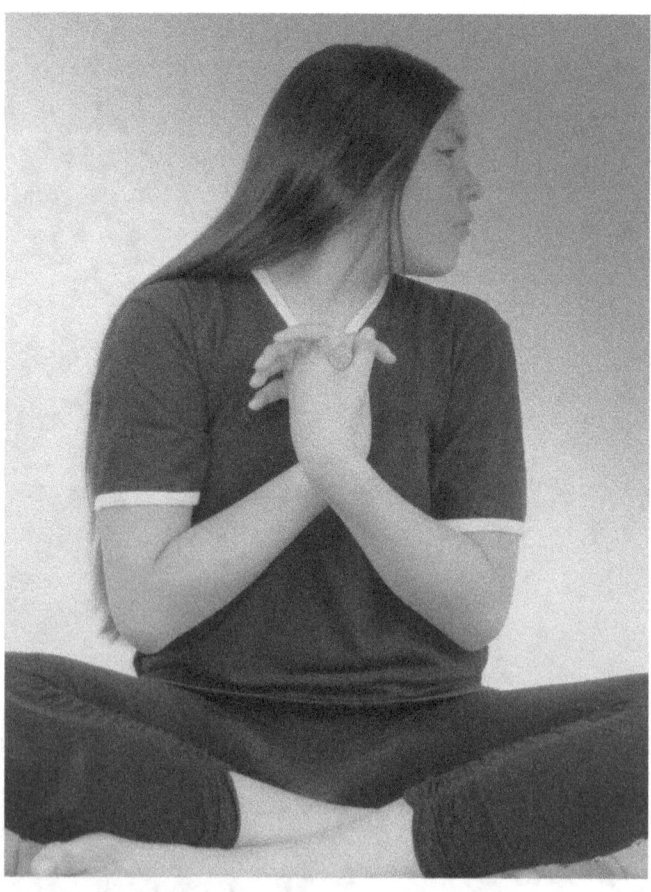

4. **Posture n° 4 – Nek-savasutvi**
    - Dans la même position que pour les deux postures précédentes, roulez la tête comme suit:
    - Commencez avec le menton posé sur la poitrine, les yeux vers le bas.
    - Tout en inspirant, gardez le menton droit et tournez la tête vers le haut et vers la gauche jusqu'à ce que vous regardiez à gauche. Les yeux se dép lacent du bas vers la position de onze heures. En d'autres termes, vos yeux regardent à mi-distance entre la couronne de votre tête et votre oreille gauche.
    - Tout en expirant, décrivez un arc de cercle avec votre tête jusqu'à vous trouver au même niveau du côté droit, en roulant

vos yeux vers le bas puis vers le haut jusqu'à la position entre la couronne et l'oreille droite.
- Répétez.

Ceci purifie les mémoires visuelles des yeux et des nerfs optiques pour enlever les débris obsolètes qui affectent encore nos réactions aux stimuli visuels.

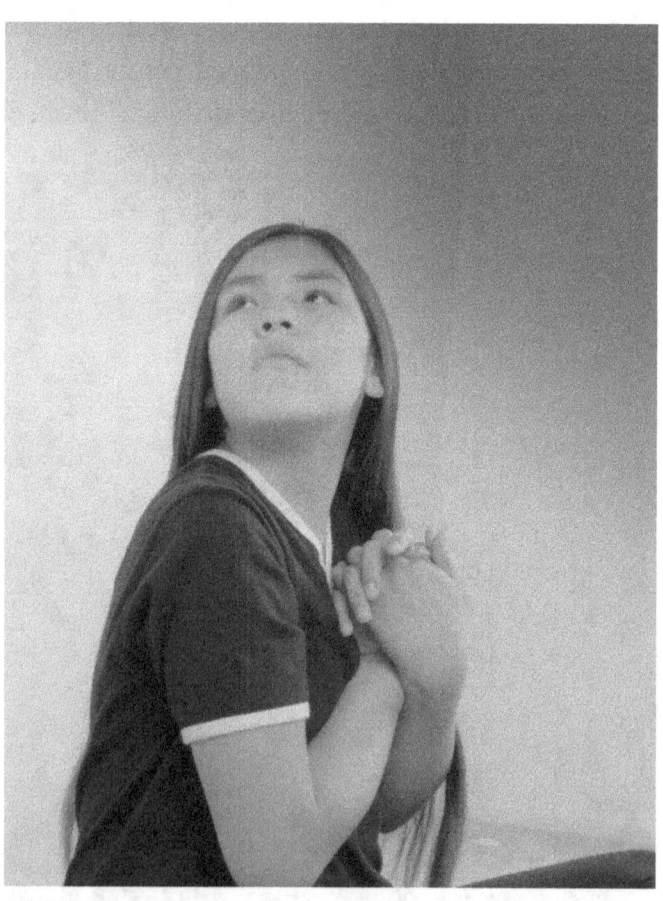

5. **Posture n° 5 – Sihiravat-nesvi**
    - En position assise, pliez les genoux et croisez les chevilles, créant une position jambes croisées légèrement ouverte. Les pieds seront légèrement étendus en face de vous, les jambes détendues. Soutenez les genoux avec des coussins si nécessaire.
    - En croisant les bras l'un au-dessus de l'autre, tenez le rond du pied gauche avec la main gauche et le rond du pied droit avec la main droite.
    - Le dos droit, penchez-vous vers l'avant en un étirement confortable et baissez la tête sur la poitrine.

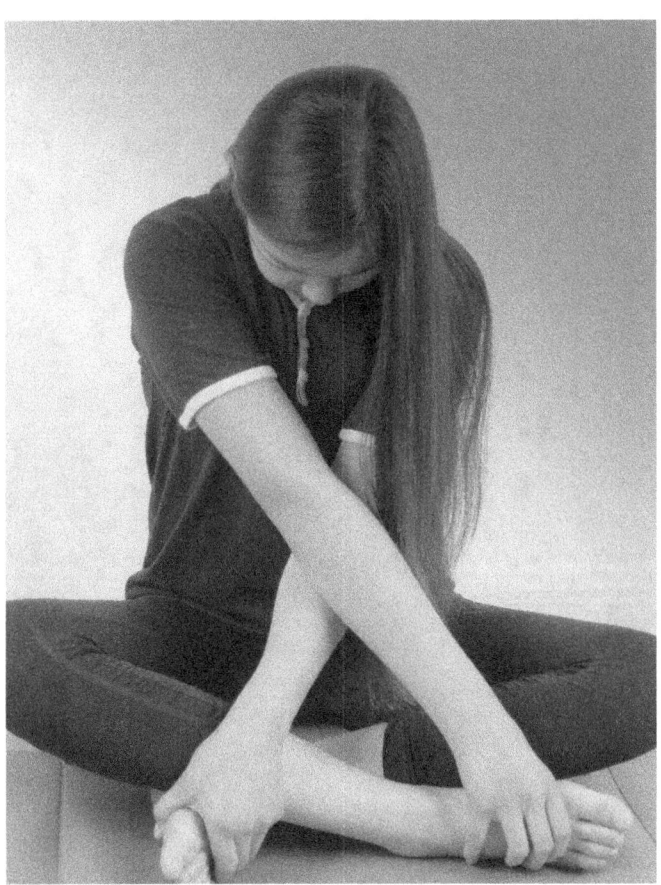

- Roulez vos yeux fermés aussi bas que possible.
Ceci purifie les sentiments d'insécurité et d'absence de soutien.

Note: si vous exercez une pression avec les pouces au milieu du pied juste en dessous du rond du pied, cela facilitera les bénéfices de cette posture.

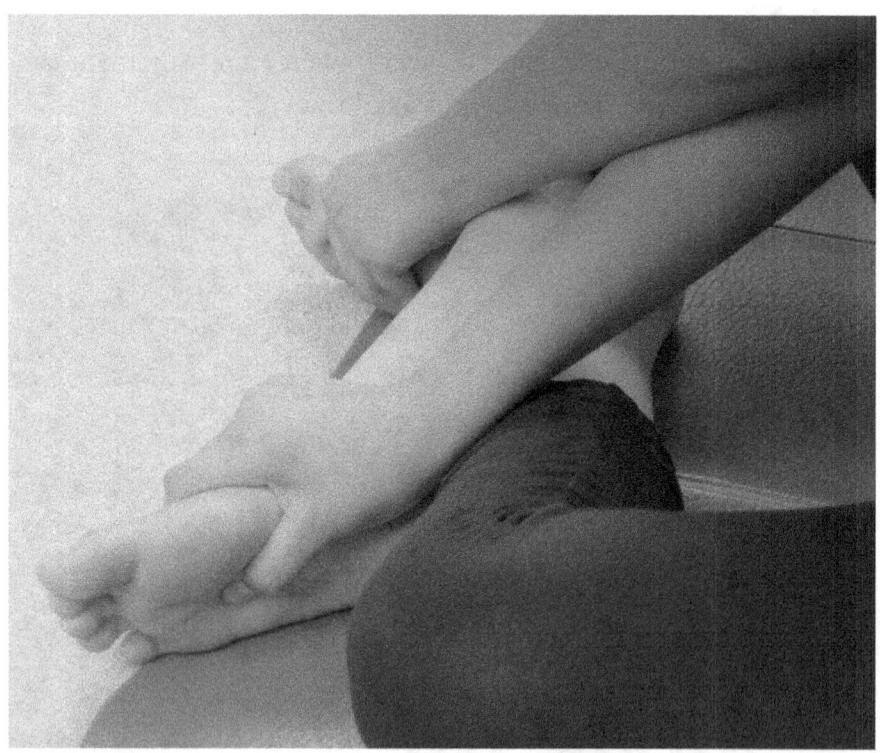

6. Posture n° 6 – **Nichtane-survat**

- Gardez la même position des jambes qu'en n° 5, mais levez les genoux sans bouger les pieds. Les genoux vont d'une position écartée vers le centre.
- Etendez les bras autour de l'extérieur des genoux et attrapez le rond du pied gauche avec la main droite et le rond du pied droit avec la main gauche.
- Détendez les genoux dans le berceau des bras.
- Le dos droit, levez le menton et inclinez la tête vers l'arrière pour regardez vers le haut aussi loin qu'il est possible d'aller confortablement.

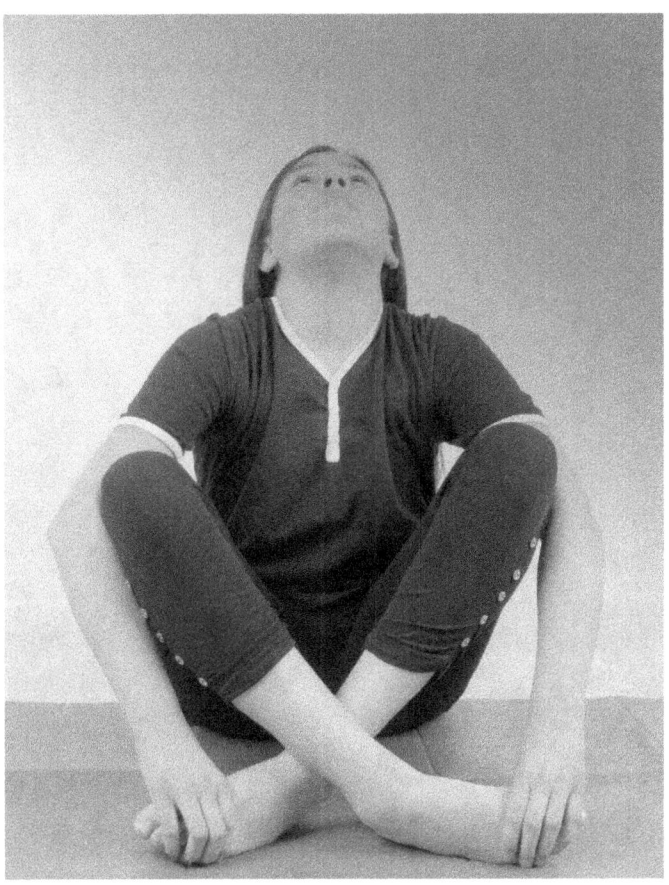

- Roulez les yeux ouverts vers le haut.

Ceci libère de l'attachement aux critères obsolètes d'excellence et promeut le génie, qui est la connaissance sans effort.

Note: en exerçant une pression avec le pouce au milieu du sommet du rond du pied, directement en-dessous de l'espace entre les deuxième et troisième orteils, les bénéfices de cette posture seront facilités.

7. **Posture n° 7 – Kinavesh-uvasu**
    - Les genoux détendus vers l'extérieur (soutenez-les avec des coussins si nécessaire), placez les plantes des pieds l'une contre l'autre.

- Les bras tendus en face de vous et le dos droit, penchez-vous et saisissez le pied gauche dans la main gauche et le pied droit dans la main droite.
- Pressez avec les pouces environ cinq centimètres en dessous de la base du gros orteil, juste en dessous du rond du pied.
- Tournez la tête vers la droite et, le menton sur l'épaule droite, roulez les yeux en sens horaire pendant la durée de l'élixir sonore.
- Si vous ressentez des tensions dans le cou ou du vertige, posez la tête sur la poitrine et fermez les yeux.

Cette posture promeut la dissolution des matrices de l'espace et des directions. La maîtrise, c'est vivre dans l'espace sans espace.

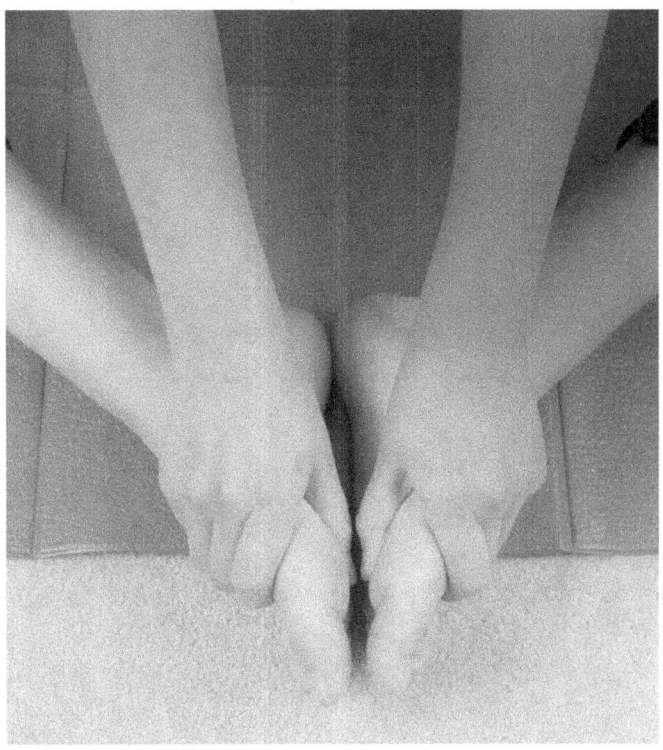

8. Posture n° 8 – Usatrech-uvasu

- Les genoux détendus vers l'extérieur (soutenez-les avec des coussins si nécessaire), placez les plantes des pieds l'une contre l'autre.
- Les bras tendus en face de vous et le dos droit, penchez-vous et saisissez le pied gauche dans la main gauche et le pied droit dans la main droite.
- Pressez avec les pouces environ cinq centimètres en dessous de la base du gros orteil, juste en dessous du rond du pied.
- Tournez la tête vers la gauche et, le menton sur l'épaule gauche, roulez les yeux en sens anti-horaire pendant la durée de l'élixir sonore.

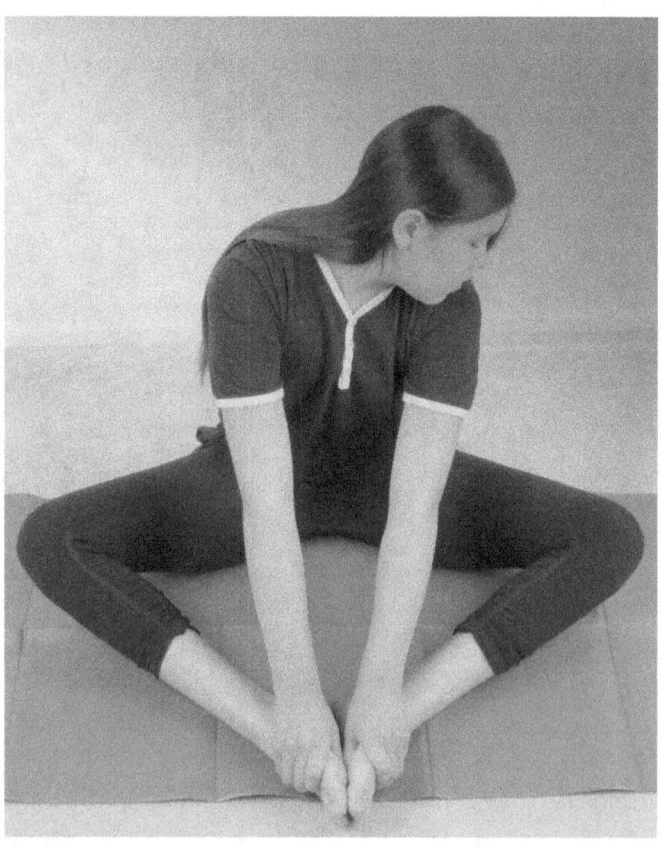

- Si vous ressentez des tensions dans le cou ou du vertige, posez la tête sur la poitrine et fermez les yeux.

Cette posture promeut la dissolution des matrices du temps linéaire. La maîtrise, c'est vivre dans l'intemporel.

9. **Posture n° 9 – Perivat-huraveshvi**
   - Etendez-vous sur le dos, jambes croisées.
   - Pliez vos genoux joints jusqu'à ce que vous puissiez, avec vos bras tendus, agripper les genoux et les soutenir.
   - Croisez les pieds.
   - Fermez les yeux, et poussez avec la pointe de la langue contre le milieu du palais pendant la durée de l'élixir sonore.
   - Respirez profondément, expirez en soupirant.

Ceci aide à guérir les addictions et les schémas mémoriels qui créent des envies.

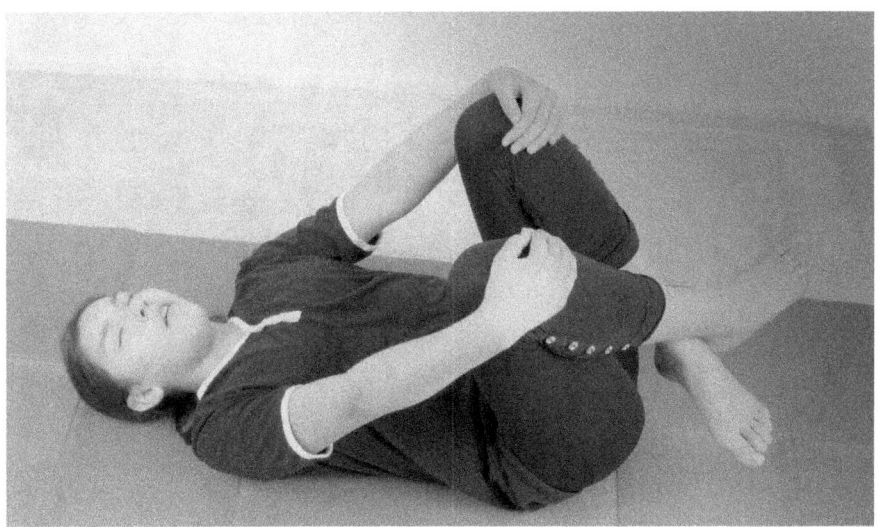

10. **Posture n° 10 – Nichstave-huraveshvi**
    - Etendez-vous sur le dos, jambe gauche tendue et genou droit plié. Le genou pointe droit vers le plafond.
    - Placez le talon d'Achille (la zone du bas du tendon d'Achille) au-dessus du genou droit dans une position confortable.
    - Déplacez le genou gauche vers le côté.
    - Joignez les paumes, les bras reposant confortablement sur la poitrine.
    - Poussez doucement mais fermement du bout des doigts contre la pointe du menton.
    - Respirez profondément, de la même manière qu'en posture n° 9.

    L'objectif de cette posture est celui qui est décrit ci-dessous en posture n° 11.

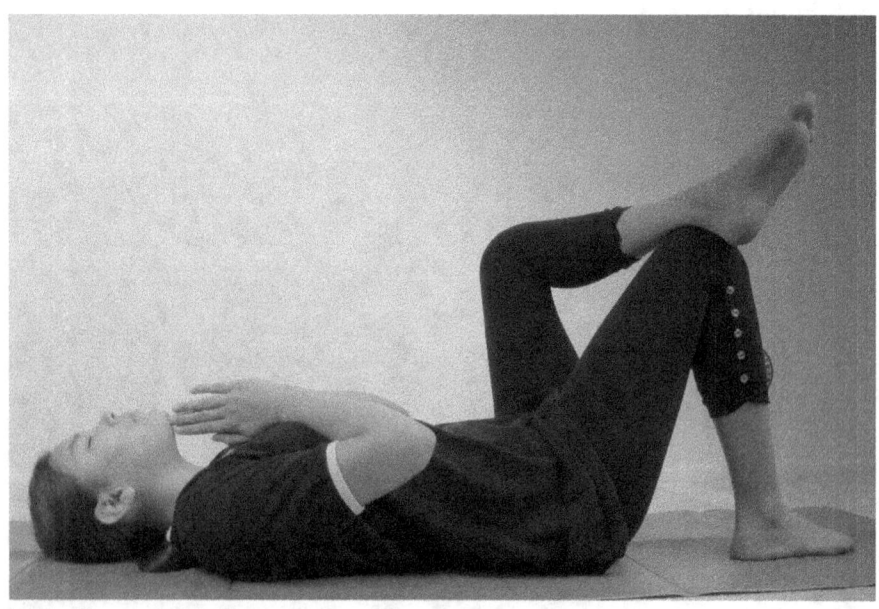

11. Posture n° 11 – Kuranech-huraveshvi

Cette posture est identique à la posture n° 10, excepté que la position des jambes est inversée. Le talon droit est placé au-dessus du genou gauche.

Ces deux postures libèrent le « tissu cicatriciel » de la psyché – les attachements du coeur et les systèmes de croyances qui se forment au fil des incarnations suite aux traumatismes.

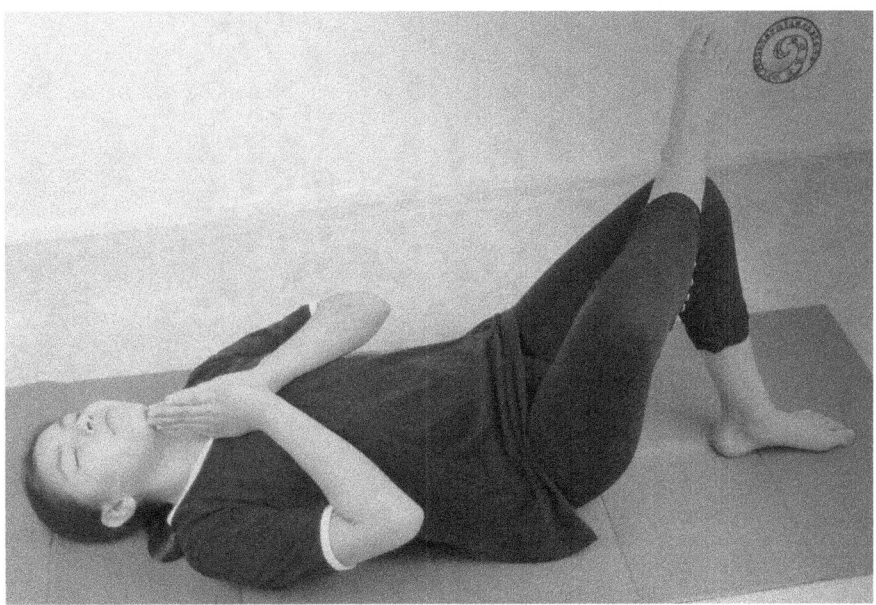

12. Posture n° 12 – Ubalech-spiruvat

- Etendu sur le dos, pliez les genoux.
- Croisez les pieds et ouvrez les genoux vers les côtés aussi loin qu'il est confortablement possible, en utilisant des coussins si nécessaire.
- Croisez les bras et saisissez le lobe gauche avec la main droite et le lobe droit avec la main gauche.
- Reposez les bras confortablement sur la poitrine.

- Maintenez une pression constante sur les lobes en les tenant entre les pouces et les index.
- Respirez profondément comme précédemment.

Note: la pression sur les lobes aide à enlever les réactions programmées aux stimuli extérieurs.

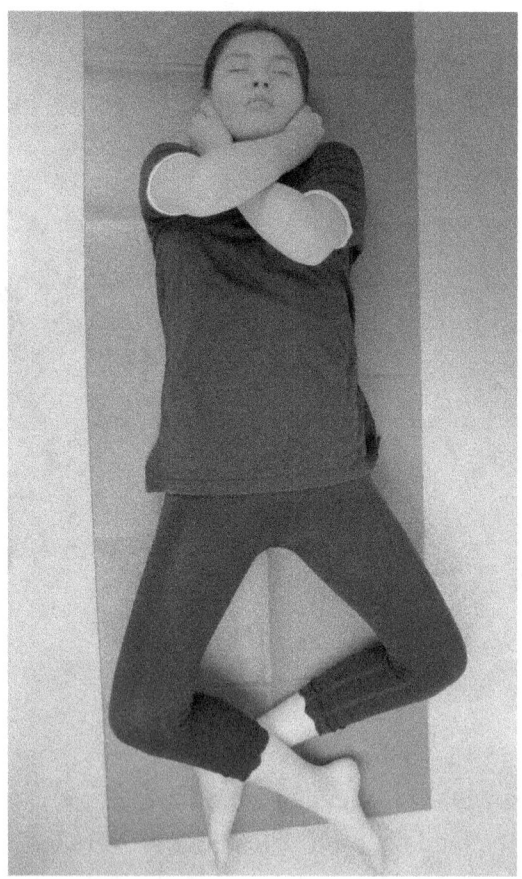

Les douze postures pour les cycles d'incarnations les plus récents sont maintenant terminées.

Les Douze Postures des Cycles d'Incarnations les plus Anciens

Kee-shahat aresbi minach verevaa skubivi. Kanech subetaa area paruhit. Kana su pirate eherevesbi surat.

Le génie se surpasse constamment.
La connaissance sans effort est son véhicule.
Ne vous accrochez pas aux repères passés.

LES DOUZE POSTURES FEMININES

Keesha arahes pa uhur nanu etaa.
Vires ese mista vu atres rubanes sutaa.

Réclamez maintenant les gemmes qui étaient vôtres autrefois.
Libérez-vous des scories qui ne servent plus.

13. **Posture n° 13 – Sivaru-nanushtaa**
    - Asseyez-vous les jambes croisées, le dos droit.
    - Les bras étendus en face de vous et les paumes vers le bas, joignez l'extrémité de vos pouces et de vos index. L'espace entre vos mains aura la forme d'un diamant.
    - Tout en gardant les mains jointes, placez-les sur la zone du pelvis, là où serait le ventre d'une femme. L'extrémité des majeurs se place juste au-dessus de l'os pubien.
    - Roulez les yeux vers le haut et maintenez cette position des yeux pendant la durée de l'élixir sonore. La tête reste face à l'avant.
    - Respirez par la bouche d'un souffle court, rapide et saccadé[8]. La respiration est peu profonde et la zone sous le diaphragme et autour du nombril se soulève et s'abaisse au rythme des inspirations et expirations.
    - Comme les poumons, la partie supérieure de l'abdomen enfle avec l'inspiration et se contracte avec l'expiration.
    - Le rythme est rapide, comme dans « et un, et deux, et trois », avec l'inspiration sur le « et » et l'expiration sur le compte.

La respiration est très importante dans cette posture, qui est conçue pour dégager une éternité de traumatismes liés à la naissance.

---

[8] Maintenir cette forme de respiration tout au long de l'élixir sonore demandera de la pratique. Ne soyez pas découragé si, au début, vous n'arrivez pas à la maintenir pendant toute la durée.

Comment Pratiquer le Yoga

Posture n° 13

14. Posture n° 14 – Kirinat-subechva-anit

- Répétez la posture 13, mais placez les pouces là où la cage thoracique s'élève en forme de V. La forme de diamant entre les mains repose sur le plexus solaire, l'endroit où les souvenirs de maternage insuffisant de l'enfant intérieur sont gardés.
- Etendez-vous si vous avez le vertige.

L'angoisse de la séparation est dégagée par cette posture.

15. Posture n° 15 – Keenan at-ukles-vivresbi

- Répétez la posture 13, à l'exception des changements suivants :
- Les yeux regardent vers le bas aussi bas que possible
- La position des mains change comme suit :
- Placez les mains derrière vous et, les paumes à l'extérieur, placez-les sur le sacrum dans le bas du dos, l'extrémité des pouces et des index jointe.
- Il y a à nouveau un espace en forme de diamant entre vos mains mais les paumes font face à l'extérieur. Les index sont sur le coccyx.

La posture 15 a le même bénéfice que la posture 14.

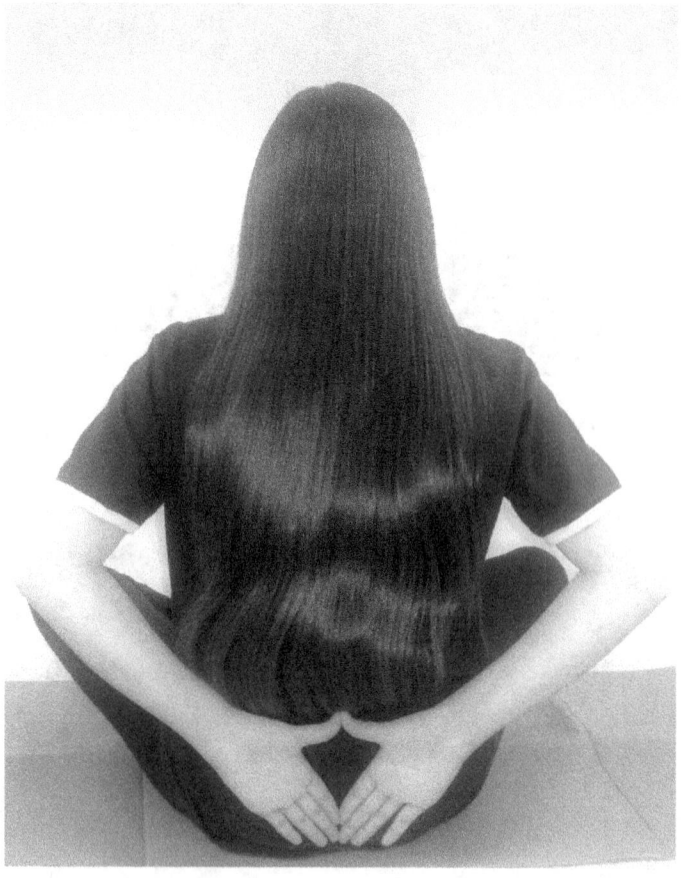

16. Posture n° 16 – Kluset-miraveshta

Les traumatismes du passé sont détenus dans l'intervalle entre les respirations, causant, dans des cas aggravés, bégaiement, respiration courte, apnée du sommeil et d'autres problèmes. La technique d'élimination de l'intervalle entre les respirations peut entraîner le vertige. Les postures qui utilisent cette technique respiratoire sont alternées avec des postures d'étirement afin de promouvoir l'évacuation des toxines relâchées grâce à la circulation accrue de la lymphe, et de permettre au participant de stabiliser sa respiration. Respirez lentement et profondément, afin de ne pas hyperventiler. Arrêtez la technique respiratoire si vous avez le vertige.

- Etendez-vous sur le dos, les genoux pliés.
- Croisez les bras l'un sur l'autre et placez-les sur le haut de votre poitrine.
- Soulevez les hanches au-dessus du sol, formant une ligne droite des genoux au plexus solaire. Utilisez le soutien d'un coussin si nécessaire.
- Les yeux regardent vers le bas à chaque inspiration. (Le mouvement des yeux vers le bas regarde dans les souvenirs déplaisants.)
- Les yeux regardent vers le haut à l'expiration, libérant les souvenirs déplaisants.

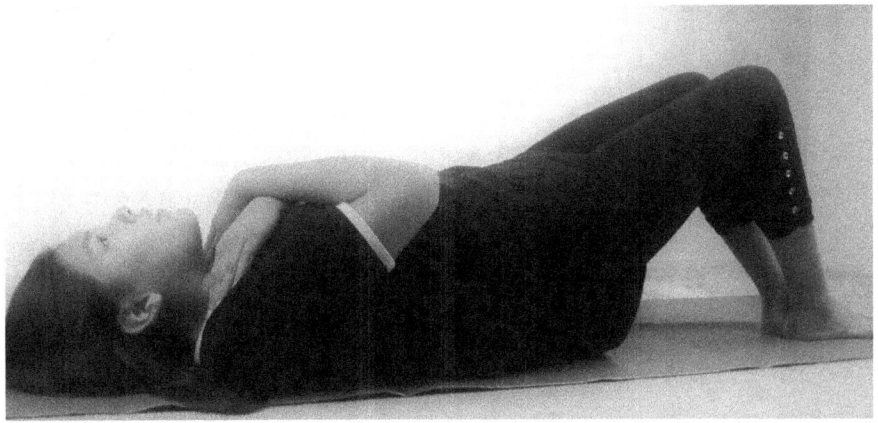

- Tout en maintenant la posture, respirez lentement et profondément en éliminant autant que possible l'intervalle entre les respirations.

Cette posture cible la libération des souvenirs physiques déplaisants.

17. Posture n° 17 – Enatve-kluvesh
- Etendu sur le dos, joignez les paumes au-dessus du coeur, les plantes des pieds jointes avec les genoux pliés vers l'extérieur. Utilisez deux coussins pour soutenir les genoux si nécessaire.
- Détendez les yeux et respirez normalement. Le corps sera doucement étiré mais détendu.

L'écoulement accru de la lymphe favorisé par cette posture emporte les toxines libérées vers les voies excrétoires.

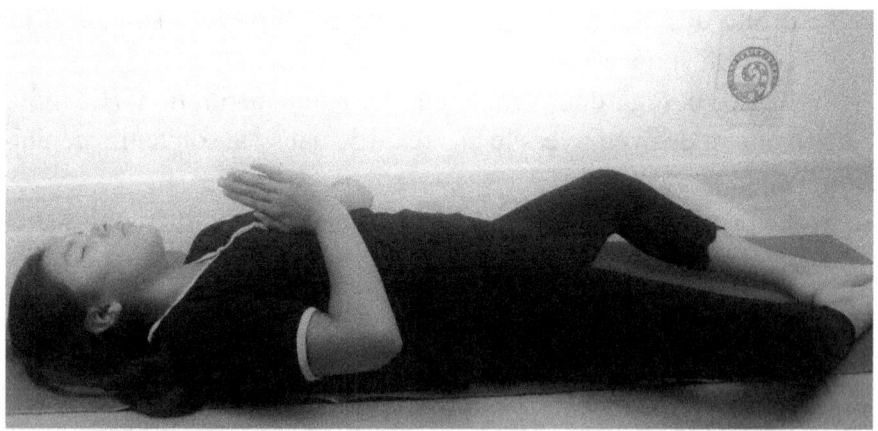

18. Posture n° 18 – Mishet-aranakvi-husat
- Asseyez-vous les plantes des pieds jointes, genoux pliés et le dos droit.
- Croisez les avant-bras sur la poitrine.
- Tendez les index.
- Pliez les autres doigts et placez les pouces sur eux.

Les Douze Postures des Cycles d'Incarnations les plus Anciens

- Avec les index, poussez fermement sur la zone à l'intérieur des oreilles, juste à côté de l'ouverture de l'oreille.
- Les yeux fermés, respirez profondément tout en éliminant l'intervalle entre les respirations.
- Maintenez la pression à l'intérieur des oreilles.

Les mémoires subtiles, subliminales accumulées en raison des débris contenus dans les points d'acupressure du corps sont ciblés par cette posture pour être dégagées.

19. Posture n° 19 – Anak-bilashet

- Dans la même position assise qu'en posture n° 18, mettez les mains derrière la tête sur la base du crâne (la zone médullaire).
- Placez les mains l'une sur l'autre en forme de V, les doigts pointés légèrement vers le bas.
- Respirez lentement et normalement.
- Déplacez lentement les yeux d'un côté à l'autre en alternance.
- Tendez les coudes vers l'extérieur jusqu'à atteindre un étirement confortable dans la zone du trapèze supérieur (épaule).

Le bulbe rachidien est une importante zone de stockage des souvenirs de toutes les incarnations. Cette posture facilite son nettoyage.

20. Posture n° 20 – Mishet-arelu

Les Postures d'Arelu (20 à 24) sont le point culminant des dix-neuf postures précédentes (Arelu en langue ancienne signifie « petit soleil »). Elles ne comprennent pas de mouvement oculaire ou de travail respiratoire, mais utilisent la visualisation pour purifier la colonne vertébrale, le tube prânique et les champs autour du corps. Ils forment une progression, nettoyant la moelle épinière et les voies neurologiques du corps, ainsi que le tube prânique et le système des chakras.

- Assis les plantes des pieds jointes et le dos droit, placez les mains en coupe les paumes vers le haut (paume droite au-dessus) comme si vous teniez une balle de la taille d'un grand pamplemousse.

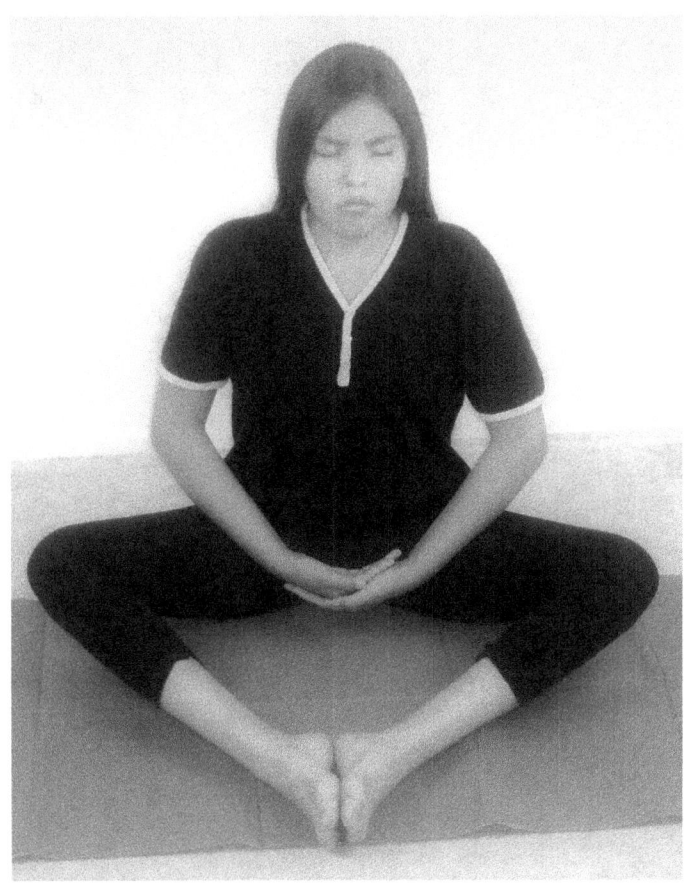

- Visualisez la balle en couleur bleue pâle et placez-la, dans vos mains en coupe, au sommet de l'os pubien.
- A chaque inspiration, voyez la balle s'élever (vos mains ne bougent pas) jusqu'au nombril.
- A chaque expiration, ramenez la balle vers le pubis.

21. Posture n° 21 – Klavet-arelu
- Suivez la même procédure qu'en posture n° 20, mais vos mains en coupe tenant la balle de lumière bleue sont placées cinq centimètres en dessous du nombril.

- A chaque inspiration et expiration, la balle monte et descend entre le nombril et le coeur.

22. **Posture n° 22 – Krivat-arelu**
    - Procédez comme en postures 20 et 21, mais cette fois les mains sont placées en coupe juste en dessous du coeur.
    - A chaque expiration et inspiration, la balle monte et descend entre le coeur et la gorge (le bas du cou à l'endroit où on avale).

23. Posture n° 23 – Michpa-arelu

- Procédez comme pour les trois postures précédentes, mais mettez les mains en coupe au bas du cou, les coudes tendus de chaque côté.
- A chaque respiration, faites monter et descendre la balle entre la gorge et le sommet du crâne.
- Voyez la balle devenir de plus en plus grande jusqu'à atteindre la taille d'une grande soucoupe.

24. Posture n° 24 – Paruk-nanastra-arelu

- Restez dans la même position assise que pour les postures précédentes.
- Joignez les paumes et reposez les mains au sommet de la tête. Visualisez la balle de lumière de la taille d'une grande soucoupe reposant sur la pointe de vos doigts.
- La balle reste stationnaire, mais devient de plus en plus grande et brillante à chaque inspiration jusqu'à ce qu'elle atteigne la taille d'une grande assiette[9].

---

9   Telle que dépeinte dans l'art sumérien et égyptien comme une forme d'illumination.

- A la fin du vingt-quatrième élixir, prenez une profonde inspiration et expulsez l'air par la bouche.
- Visualisez la balle au-dessus de votre tête explosant avec le souffle expulsé avec force, et devenant assez grande pour englober tout votre corps (même si vous étiez debout). Comme vous êtes assis(e), elle s'étendra dans le sol en dessous de vous.
- Restez détendu(e), mettez les mains sur vos genoux, paumes vers le haut (main gauche sur le genou gauche, etc.)

Conclusion

La signification majeure liée à la réception des trois corps de yoga connus collectivement sous le nom de Devi Satva Yoga, le Yoga de l'Illumination, est donnée dans l'ancien Rouleau de Namud.

> *« Car quand à nouveau les yeux qui peuvent voir*
> *Connaîtront le Yoga de Saradesi*
> *Le troisième il sera*
> *Un terme à la dualité sera mis »*

L'avènement de la restauration des trois yogas à l'humanité annonce le commencement de la prochaine étape évolutive de la conscience humaine : l'immortalité à travers une vie sans opposés. Il est impossible de dire combien de temps il faudra pour accomplir ceci, étant donné que le temps n'existe pas en réalité. Mais le fait que nous ayons les outils pour commencer le voyage de l'homme hors du Rêve de la Dualité est source d'espoir et de gratitude.

C'est avec un profond amour que je dédie cette information aux porteurs de lumière de la planète.

—Almine

ALMINE RECOIT UN ROULEAU A TRADUIRE

(Comme on peut le voir sur cette photographie interdimensionnelle)

Prise à Sedona, Arizona en janvier 2010 pendant qu'Almine enseignait. Notez le rouleau sur sa tête.

Epilogue

Le nettoyage qui s'opère pendant les postures d'Arelu implique nécessairement les chakras. Pour la facilité de l'étudiant, nous offrons ici un aperçu du système des chakras.

Les chakras sont des vortex énergétiques qui agissent en tant qu'interfaces entre les niveaux de lumière du cosmos et le physique. La lumière est reçue par les chakras agissant en tant qu'unités de stockage ou condensateurs. Ils la déchargent ensuite au composant physique destiné à recevoir la lumière, à une fréquence susceptible d'être reçue. Les principaux composants physiques dans le corps humain sont les glandes endocrines. Cependant, chaque cellule est aussi équipée de son propre minuscule système de chakras.

Quand un traumatisme ou changement forcé (souffrance) se produit, il y a souvent un retard dans le traitement des ouvertures de compréhension que l'expérience fournit. L'accumulation de ces compréhensions occultées crée un blocage, ou bouchon dans le centre du chakra. C'est pourquoi la plupart des gens ont des chakras qui sont coniques à l'avant et à l'arrière.

Tandis que nous commençons à vivre une vie plus consciente et à extraire les compréhensions de l'expérience passées, les chakras libèrent leurs sceaux et deviennent sphériques. Finalement, il n'y a plus qu'un grand champ unifié de chakras. Le chagrin, la stimulation sexuelle, la conscience en expansion et les autres sentiments habituellement localisés dans la zone d'un chakra sont maintenant ressentis dans l'ensemble du corps.

Quand les champs des chakras s'unifient, l'individu a beaucoup plus d'énergie à sa disposition et la guidance intérieure devient puissante. La raison en est que l'obstruction du corps mental est partiellement réduite, et l'influence des corps supérieurs afflue dans les corps inférieurs. On commence à vivre dans la grâce, à coopérer dans le soi supérieur en vivant le plan directeur de cette vie spécifique.

Juste avant d'entrer dans la Conscience Divine, une expérience des plus miraculeuses transfigure à nouveau le champ des chakras. Le symbole de cet événement était représenté par les anciens sous la forme d'une colombe, le bec pointé vers le haut et les ailes étendues en un cercle ou une sphère. Ceci signifie l'ouverture de cinq chakras additionnels utilisés par quelqu'un qui se trouve aux deuxième (Conscience Divine) et troisième (Maîtrise Immortels) stades initiatiques.

Les cinq chakras additionnels s'ouvrent grâce à l'incorporation des sept attitudes de soutien dans notre vie. Leur ouverture se produit en quelques minutes, contrairement à l'ouverture plus progressive des sept autres. Cet événement peut être précédé d'un inconfort physique et par des contusions qui vont et viennent sur les points d'acupuncture majeurs, tels que les poignets.

L'expérience en elle-même, cependant, se vit dans la béatitude et l'expansion. La lumière blanche entoure le corps, et une flamme violette est visible sur la tête (comme la description des flammes de la Pentecôte dans la Bible). La lumière a une configuration particulière ressemblant à une colombe avec un cercle au-dessus de la tête.

L'ouverture s'accomplit comme suit:

1. Les zones du corps où se trouvaient les ovaires chez la femme s'ouvrent avec la lumière blanche, d'abord à gauche et puis immédiatement à droite tandis que s'ouvrent les huitième et neuvième chakras.
2. Une jupe de lumière rayonne vers le bas, évoquant la queue de la colombe.
3. Ceci enflamme le tube prânique et un grand afflux d'énergie monte de la base de la colonne vertébrale jusqu'à la couronne de la tête, et la flamme violette apparaît.

4. Immédiatement après, une sphère de lumière de la taille d'une grande assiette (environ) apparaît, vingt centimètres au-dessus de la tête. Elle ressemble aux images de l'art égyptien et sumérien dépeignant les sphères au-dessus de la tête des personnages dotés de pouvoir spirituel. Le dixième chakra est maintenant ouvert.
5. Le onzième chakra au milieu de l'omoplate droite et le douzième au milieu de l'omoplate gauche s'ouvrent ensuite, et projettent des ailes de lumière. Les êtres angéliques qui ont les douze chakras ouverts ont été dépeints comme pourvus d'ailes par ceux qui peuvent voir directement l'énergie.
6. A ce stade, l'ensemble de la configuration de lumière apparaît comme une colombe avec une sphère au-dessus de la tête. C'est pour une raison cachée que les anciens plaçaient la colombe à l'intérieur du cercle. Le secret réside dans le nom que les Lémuriens donnaient au chiffre dix (souvenez-vous que le cercle ou la sphère au-dessus de la tête est le dixième chakra). Le chiffre dix est appelée « lahun » en sumérien et dans certaines autres langues anciennes. « La » signifie tout et « hun » signifie un (la est « all » à l'envers, et hun est proche de « un », « uno » etc.)

Le nombre dix signifie tout en un et un en tout (les Atlantes connaissaient aussi ces secrets derrière la loi de l'un). La sphère au-dessus de la tête devient de plus en plus grande à mesure que nous progressons dans les derniers stades de la Conscience Divine. Au début, elle s'étend jusqu'à la tête, fendant la flamme en deux « cornes » de chaque côté (également représentées dans les peintures anciennes). Finalement, quand le Maître Immortel transcende toutes les limites mortelles, la sphère englobe tous les autres chakras. Tout est en un et un est en tout.

Un tel maître est pourvu du véhicule qui permet de voyager à volonté, à la vitesse de la pensée, entre les dimensions et à travers le temps et l'espace. La colombe est maintenant dans le cercle. Le sommet de ce qu'un humain peut être a été atteint.

Annexe I

NOTES A L'INTENTION DES ENSEIGNANTS

Le yoga peut être enseigné aux autres si le praticien est devenu expérimenté dans ses pratiques. Aucune autre formation n'est requise, car son efficacité est inhérente à ses composants.

Importante note relative au droit d'auteur

Ce matériel écrit peut être reproduit et enseigné tant qu'Almine en est créditée en tant qu'auteur. Les élixirs sonores peuvent être utilisés pour enseigner et peuvent être reproduits uniquement pour usage personnel. Ils ne peuvent être distribués pour être vendus ou de toute autre manière. Ils peuvent être achetés sur www.spiritualjourneys.com.

Annexe II

DECHARGE DE RESPONSABILITE

Toute responsabilité, perte, dommage ou blessure lié à l'utilisation de ce yoga et de son enseignement, y compris mais non exclusivement toute pratique du yoga, est expressément déclinée par Spiritual Journeys, LLC et/ou Almine.

Beaucoup de gens ont des subluxations et désalignements dans le cou. Suivre un traitement chiropractique ou ostéopathique avant d'essayer Shrihat Satva Yoga serait bénéfique. Les extensions du cou et les mouvements de Shrihat Satva Yoga devraient être faits en douceur et avec soin, afin de ne pas mettre le cou sous tension.

Le yoga n'est pas destiné à diagnostiquer des maladies, ni à constituer un conseil ou un traitement médical. A tout étudiant dont la condition médicale, y compris la grossesse ou toute autre condition liée à la santé, pourrait affecter la pratique du yoga, il est conseillé de consulter un médecin ou autre praticien de santé qualifié avant de commencer ce programme, et d'obtenir son approbation à la participation au yoga.

AUTRES LIVRES D'ALMINE

Irash Satva Yoga
Le yoga en tant que discipline spirituelle et physique a été pratiqué en de nombreuses variantes dans maintes traditions par maîtres et novices depuis d'innombrables années, et est universellement accepté comme un des outils de développement les plus efficaces jamais créés.
La forme physique de l'homme dans son état originel était censée être auto-purifiante, auto-régénératrice et auto-transfigurative. A travers une vie pure et un abandon total, il était possible d'ouvrir des portes dans le corps qui permettaient à la vie de l'imprégner et de circuler à travers lui, prolongeant ainsi indéfiniment son existence.
Dans Irash Satva Yoga, reçu du Royaume Angélique par Almine, cette ancienne méthodologie est étendue et amplifiée de manière exponentielle par l'incorporation des alchimies du son et de la fréquence. Par les postures faciles à maîtriser, couplées à la musique issue de la Source Cosmique et créée spécifiquement pour chaque posture, les 144 portes cardinales du mental et du corps sont ouvertes et purifiées de leurs scories et débris, permettant au pratiquant de puiser dans l'abondance de la Vie Une.
Publié en 2011, 108 pages, couverture souple, 15 x 22.5 cm, $24.95
ISBN: 978-1-936926-12-1

Almine est l'auteur de nombreux autres livres.
Tous sont disponibles sur:

www.spiritualjourneys.com (anglais) ou

www.almine.fr (francais)

www.ingramcontent.com/pod-product-compliance
Lightning Source LLC
Chambersburg PA
CBHW070735230426
43665CB00016B/2253